AF381484

DER MARKETING-MIX

Mit 4 P zur erfolgreichen Strategie

Verfasst von Morgane Kubicki
In Zusammenarbeit mit Carmela Milano
Übersetzt von Mareike Lobeck

Business 50MINUTEN.de

DER MARKETING-MIX — 9

Schlüsselinformationen

Einleitung

DER MARKETING-MIX IN DER THEORIE — 13

Zweck

Kontext

Komponenten des Modells

DER MARKETING-MIX: SCHWÄCHEN UND ERGÄNZUNGEN — 25

Schwächen und Kritik

Ergänzungen und verwandte Modelle

DER MARKETING-MIX IN DER PRAXIS — 35

Tipps und Best Practices

Fallstudie

ZUSAMMENGEFASST — 51

DARÜBER HINAUS — 55

DER MARKETING-MIX

SCHLÜSSELINFORMATIONEN

- **Bezeichnungen:** Marketing-Mix, Marketingpolitik, Marketingmix
- **Anwendungsbereich:** Der Marketing-Mix ist eine Methode zum Treffen von Marketing-Entscheidungen.
- **Funktionsweise:** Der Marketing-Mix fasst in wenigen Punkten alle Instrumente zusammen, die Marketing-Verantwortlichen für die Entscheidungsfindung zur Verfügung stehen.
- **Schlüsselwörter:** <u>Produkt</u>, <u>Preis</u>, <u>Place (Distribution)</u>, <u>Promotion (Kommunikation)</u>
  - <u>Zielmarkt</u>: der Teil des Gesamtmarkts, dessen Erschließung sich ein Unternehmen zum Ziel gesetzt hat

EINLEITUNG

Hintergrund

Der Begriff *Marketing-Mix* erscheint erstmals im Buch *Advertising – Text and Cases* (1950) des Theoretikers und Marketing-Professors an der Harvard Business School Neil H. Borden (1895-1980). In der Folge erstellt er eine Liste von zwölf den industriellen Marketing-Mix ausmachenden Komponenten. In seinem Artikel „The Concept of Marketing Mix" (1964) gibt er an, dabei von James W. Culliton (1912-2004) inspiriert worden zu sein, welcher in seinen Arbeiten den Marketingverantwortlichen als „Zutatenmischer" beschrieb. 1960 nimmt der Dozent E. Jerome McCarthy (1928-2015) in seinem Werk *Basic Management: A Managerial Approach* Bordens Theorie wieder auf und hält dabei an vier – seiner Meinung nach essentiellen – Punkten fest: den 4 P (*product*, *price*, *place* und *promotion* bzw. Produkt, Preis, Distribution und Kommunikation). Der leicht zu merkende Name des Ansatzes, der von zahlreichen Marketern verwendet wird, trägt zu dessen Erfolg bei. Marketing-Mix und 4 P werden zwar oft synonym verwendet, sind aber nicht bedeutungsgleich. Der Marketing-Mix beschreibt die verschiedenen Schritte und Entscheidungen, die Unternehmen bzw. Marken während der gesamten Markteinführung eines Produktes bzw. einer Dienstleistung tätigen müssen. Das Modell der

4 P ist dagegen die – vermutlich bekannteste – Art, den Marketing-Mix zu definieren.

Definition

Der Marketing-Mix ist ein Marketingkonzept, das sich aus allen Instrumenten zusammensetzt, die Marketern zur Verfügung stehen, um wirksame Maßnahmen zu entwickeln und ihre Ziele bezüglich der Verbreitung auf dem Zielmarkt zu erreichen.

DER MARKETING-MIX IN DER THEORIE

ZWECK

Der Marketing-Mix umfasst alle Entscheidungen und Maßnahmen zur Sicherung des Erfolgs eines Produkts, einer Dienstleistung, einer Marke oder einer Kette auf dem Markt.

Auf der ersten Entscheidungsstufe des Marketings steht die Marktanalyse. Im Anschluss daran kann sich das 4-P-Modell für Marketer als äußerst praktische Entscheidungshilfe erweisen. Das Modell deckt nicht nur alle Aspekte ab, die Marketern zur Verfügung stehen, es ist auch einfach in der Anwendung. Ohne Zweifel trägt außerdem der Name zum Erfolg bei. Das Klassifizierungssystem ist eins der am meisten verwendeten Systeme im Marketing-Mix – sowohl in Lehrbüchern als auch in der Praxis.

Allgemeiner kann das Modell des Marketing-Mix sowohl als Entscheidungshilfe verwendet werden, wenn ein neues Angebot auf dem Markt eingeführt werden soll, als auch zum Testen einer Marketingstrategie.

KONTEXT

Der Marketing-Mix entsteht in einer Zeit, in der der Konsum stark ansteigt. Während des Nachkriegsbooms (Periode starken Wirtschaftswachstums in einem Großteil der entwickelten Länder zwischen dem Ende des Zweiten Weltkriegs und der ersten Ölkrise, 1946-1973) kommt es zu einer regelrechten Explosion des Massenkonsums. Bis dahin hatte sich Marketing darauf beschränkt, Vorlieben und Verhalten der Konsumenten zu erfassen. Mit dem Marketing-Mix wird es nun auch möglich, einen Gesamtüberblick über die Markteinführung eines bestimmten Produktes zu erlangen. Die Theorie wird zwar McCarthy zugeschrieben, da er die 4 P benannt hat, seine Inspiration stammt allerdings von Bordens Liste der den Marketing-Mix ausma-chenden Komponenten (später veröffentlicht im Artikel „The Concept of Marketing Mix"). Borden gibt wiederum an, dass er sich von den Arbeiten seines Kollegen James Culliton beeinflusst lassen habe, welcher Marketing-Verantwortliche als

„Zutatenmischer" beschreibt. Der Vater des modernen Marketings, Philip Kotler (geboren 1931), nimmt das Konzept der 4 P später auf und stellt in seinem Buch *Marketing Management* (in Zusammenarbeit mit Kevin Keller)[1] eine aktualisierte Version vor.

Die Autoren sind sich jedoch nicht über alle Aspekte des Marketing-Mix einig. So spricht Borden noch von „Prozeduren" („procedures"), während heute die Begriffe „Parameter", „Werkzeuge" oder „Instrumente" bevorzugt werden.

Die ursprüngliche Liste von Borden besteht aus zwölf Marketing-Mix-Komponenten, die Marketer beachten sollten:

- Produkt
- Preis
- Marke
- Vertriebskanäle
- persönlicher Verkauf (direkter Kontakt)
- Werbung
- Absatzförderung

---

1. In der deutschen Ausgabe zusätzlich mit Marc Oliver Opresnik: *Marketing Management. Konzepte – Instrumente – Unternehmensfallstudien.* Pearson Studium, 2017.

- Verpackung
- Auslage
- Service
- physische Handhabung
- Datenerhebung und Analyse

McCarthy wiederum fasst diese Aspekte in vier Kategorien bzw. vier Handlungsräume zusammen:

- Produkt
- Preis
- Place (Distribution)
- Promotion (Kommunikation)

Die 4 P des Marketing-Mix

Diese Listen – ob sie sich nun aus zwölf oder aus vier Komponenten zusammensetzen – umfassen in der Realität alle Instrumente eines Unternehmens, mit denen es seinen Absatz beeinflussen kann. Die Theorie ist jedoch auch keine absolute Wahrheit, eine hundertprozentige Erfolgsgarantie der resultierenden Entscheidungen gibt es (natürlich) nicht. Die Qualität einer Marketingstrategie hängt davon ab, wie gut die vier Komponenten zusammenspielen. Die Theorie des Marketing-Mix könnte wie folgt zusammengefasst werden: das richtige Produkt am richtigen Ort für den richtigen Preis zum richtigen Zeitpunkt. Dazu sollten lediglich:

- Produkte bzw. Dienstleistungen geschaffen werden, die von einer bestimmten Zielgruppe verlangt werden
- diese Produkte bzw. Dienstleistungen an einem Ort vertrieben werden, der regelmäßig von der Zielgruppe aufgesucht wird
- diese Produkte bzw. Dienstleistungen zu einem Preis verkauft werden, der den Erwartungen der Kunden entspricht
- diese Produkte bzw. Dienstleistungen dann zur Verfügung gestellt werden, wenn die Kunden sie benötigen

Dieser Ansatz hat Bestand; trotzdem sollte der Aufwand der Erhebung der benötigten Daten (wie Kundenbedürfnisse, -erwartungen und -verhalten) nicht unterschätzt werden. Schließlich muss zur Verkaufsoptimierung noch festgelegt werden, wie das Produkt bzw. die Dienstleistung produziert werden soll, zu welchem Preis und zu welchem Zeitpunkt es auf den Markt gebracht wird. Dies setzt eine umfassende Kenntnis des Zielmarkts voraus, der ebenso definiert werden muss. Es bietet sich an dieser Stelle also eine Marktanalyse an.

KOMPONENTEN DES MODELLS

Produktpolitik

Ein Produkt ist ein Angebot, das einen Bedarf auf dem Markt erfüllt. Mit anderen Worten ist ein Produkt ein Gegenstand oder ein Service, der auf den Markt eingeführt wird, um einem bestimmten Bedürfnis nachzukommen, das nach dem Kauf, der Verwendung oder des Verbrauchs entsteht. Produktpolitik bezeichnet dementsprechend Entscheidungen bezüglich der Merkmale der Güter bzw. Dienstleistungen, die vom Unternehmen angeboten werden. Dazu gehören deren Art, Qualität, Größe, Design etc. Die Entscheidungen können ebenso Marke, Verpackung, Label oder Sortiment betreffen.

Preispolitik

Der Preis ist der Betrag, den Verbraucher ausgeben müssen, um ein Produkt zu erstehen. Die Preispolitik umfasst die folgenden Aspekte:

- festgesetzter Preis, also der Preis, der im Geschäft angeboten wird
- Nachlässe
- Zahlungsbedingungen
- Rückgabebedingungen
- Kreditbedingungen

Die Preispolitik beschäftigt sich mit der Festlegung von Preisen für Produkte bzw. Preisen innerhalb eines Sortiments. Sie ist nicht fix und kann abhängig von absatzfördernden Maßnahmen und Produktlebenszyklus angepasst werden. Dabei sollten zahlreiche Abhängigkeiten und Faktoren beachtet werden, sowohl auf Seiten des Produzenten als auch auf Seiten des Verbrauchers: Selbstkosten, Produktimage, Vertriebskosten, Preiselastizität (also die Auswirkung, die eine Preisänderung auf die Nachfrage der Verbraucher hat), Wettbewerbsbedingungen (Monopol, Oligopol, Konkurrenten) etc.

Distributionspolitik

Das P des englischen Wortes *place* steht für die Distributionspolitik.

Dazu gehören:

- Vertriebskanäle
- Vertriebsnetze
- Sortiment
- Standorte
- Verfügbarkeit
- Transport
- Warenlogistik

Das Unternehmen muss ein Vertriebsnetz aufbauen und pflegen. Zudem legt es Verkaufspunkte fest (eigene Läden oder Vertreiber), die das Produkt anbieten, die Verfügbarkeit in den Regalen gewährleisten, Sonderangebote erstellen und Kunden beraten.

Kommunikationspolitik

Das vierte P sorgt häufig für Missverständnisse: *promotion* umfasst weit mehr als Werbung und wird daher mit *Kommunikation* übersetzt.

Die Kommunikationspolitik umfasst vor allem:

- Werbung
- direktes oder auf den Verkaufsort abgestimmtes Marketing
- Öffentlichkeitsarbeit
- Sponsoring

Paradoxerweise kann sich die Kommunikationspolitik auch auf den Preis auswirken (z. B. Prämien, Rabattcoupons oder zeitlich begrenzte Sonderaktionen). Trotzdem gehören diese Maßnahmen zur Kommunikations- und nicht zur Preispolitik.

Zusammenspiel der Komponenten

Das Marketingteam muss darauf achten, alle Entscheidungen auf Zwischenhändler und Endkunden abzustimmen, während die Marketingverantwortlichen versuchen, die Bedürfnisse und Erwartungen der Kunden zu verstehen und ihnen entsprechende Angebote bzw. Lösungen vorzuschlagen. Sie informieren ihre Kunden und legen Preise so fest, dass sie dem Wert, den Kunden einem Produkt zuschreiben, entsprechen. Anschließend legen die Marketingverantwortlichen Verkaufsstellen für den Vertrieb des Produkts fest.

Für die vier marketingpolitischen Komponenten gilt, dass jede Entscheidung auf die Zielgruppe und die vom Unternehmen beschlossene Positionierung abgestimmt sein muss. Gleichzeitig müssen bei jeder Entscheidung auch alle anderen Komponenten mitbeachtet werden, da eine für sich allein getroffene Entscheidung nicht viel Sinn hat. Die Stärke des Marketing-Mix liegt in der Kombination aller Instrumente, die Marketern zur Verfügung stehen.

Die Produkt-Preis-Verbindung ist zwar essentiell, aber nicht die wichtigste Kombination. Alle Aspekte des Marketing-Mix beeinflussen sich gegenseitig. Beim Preis müssen beispielsweise zahlreiche Faktoren miteinbezogen werden – gerade die anderen P, sprich Marke, Vertriebsnetz und Kommunikation. Kommunikation und Distribution können so den Verkaufspreis beeinflussen. Seit 1979 untersuchen Paul Faris und David Reibstein die Verbindungen zwischen den verschiedenen Variablen, um ihren Einfluss zu bestimmen. So kann der Preis von Produkten einer Marke mit Standardqualität bei starker Bewerbung problemlos angehoben werden. Auch der Vertrieb wirkt sich wesentlich auf die Preispolitik aus. Ein Unternehmen kann beispielsweise seine Preise nicht festlegen, solange nicht klar ist, ob das Produkt direkt oder über einen Zwischenhändler vertrieben wird, der wiederum entweder selbst weiterverkauft oder Teil einer Handelskette sein kann. Diese Entscheidungen haben eine indirekte Auswirkung auf die Vertriebskosten, die eine Kernvariable der Preispolitik sind. Zusammenfassend kann also gesagt werden, dass sich die Variablen gegenseitig beeinflussen.

DER MARKETING-MIX: SCHWÄCHEN UND ERGÄNZUNGEN

SCHWÄCHEN UND KRITIK

Eine wirksame Steuerung des Marketing-Mix schafft einen Wert für das Unternehmen, den die Kunden wahrnehmen können. Voraussetzung ist also, die Zielgruppe zu kennen und die Marktpositionierung der Marke zu bestimmen. Die Strategieplanung bedeutet dementsprechend, diese Daten mithilfe der verschiedenen Aspekte des Marketing-Mix sinnvoll einzusetzen. Es reicht nicht aus, ein Modell anhand der marketingpolitischen Komponenten zu erstellen, wenn im Vorfeld keine Marktstudie angefertigt wurde.

Ein Großteil der Kritik bezieht sich auf die 4 P und nicht auf den Marketing-Mix als solchen. Dieser setzt sich, allgemein definiert, aus allen operativen, marketingpolitischen Instrumenten zusammen, mit denen das Unternehmen einen

Markt anvisieren kann, um von den erhofften Auswirkungen zu profitieren. Der Marketing-Mix an sich kann also nur schwer kritisiert werden, wohl aber seine Anwendung.

Kritiker der 4 P möchten vor allem das Klassifizierungssystem verbessern. Michel Chevalier und Pierre Louis Dubois bringen in *Les 100 mots du marketing* vor, dass die 4 P die Marke des Produkts nicht berücksichtigen, die schließlich ein Bindeglied zwischen Produkt- und Kommunikationspolitik darstellt. In dem von McCarthy entwickelten und von Kotler übernommenen Modell ist der Markenname jedoch Teil der Produktpolitik. Chevalier und Dubois betonen ebenfalls, dass – auch wenn der Marketing-Mix alle 4 P gleichzeitig beachten soll – die verschiedenen marketingpolitischen Entscheidungen so gut wie nie von derselben Person getroffen werden, sondern in die Verantwortungsbereiche unterschiedlicher Abteilungen des Unternehmens fallen. Die Darstellung des Marketing-Mix als Einheit führt dagegen zu der Annahme, dass eine Person bzw. ein Team alle Entscheidungen fälle. Stattdessen kann aber beispielsweise der Geschäftsführer oder die Innovationsabteilung für die Produktpolitik zuständig sein, während sich die Kommunikationsabteilung um die Kommunikationspolitik kümmert.

Es sollte schließlich beachtet werden, dass der Marketing-Mix eine eher allgemeine Entscheidungshilfe darstellt. Für die genauere Betrachtung der einzelnen Komponenten müssen andere, spezifischere Konzepte hinzugezogen werden. So werden beispielsweise zur Steuerung der Preispolitik umfassende Kenntnisse von Rentabilität und empfundenem Wert benötigt.

ERGÄNZUNGEN UND VERWANDTE MODELLE

7 P

Um die Schwächen des 4-P-Modells auszugleichen, fügen manche Autoren weitere Komponenten hinzu. Das bekannteste Modell ist das 7-P-Modell von Bernard H. Booms und Mary Jo Bitner, die die von McCarthy definierten 4 P um *person* (Person), *process* (Prozess) und *physical facilities* (Ausstattung) ergänzen.

Das 7-P-Modell

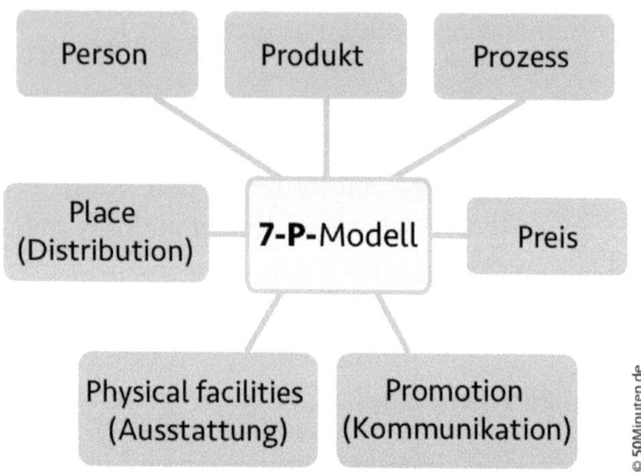

- **Person** steht im 7-P-Modell nicht für die Kunden des Unternehmens, sondern für dessen Mitarbeiter, die die Marketingstrategien umsetzen. Ihr Einfluss ist wichtig, da sie mit den zukünftigen Kunden in Kontakt treten. Ruf und Image des Unternehmens liegen in ihren Händen und werden von ihnen vermittelt. Die „Personen" gehören zu den wenigen Komponenten des Marketing-Mix, mit denen Kunden tatsächlich interagieren können.

- **Prozess** bezieht sich darauf, wie Marketer nützlichen, sinnvollen Kundenservice anbieten. Es kann sich hierbei um After-Sales-Service, Beratung, Öffnungszeiten oder Hauslieferungen handeln. So kann Markentreue geschaffen werden.
- Die **Ausstattung** umfasst die materiellen Komponenten des Geschäfts für greifbare Produkte, wie Schaufenster oder Anordnung der Regale.

Der Beitrag dieser drei zusätzlichen P zum Konzept kann insofern kritisiert werden, als dass sie auch in die ursprünglichen 4 P von McCarthy eingeordnet werden könnten. So gibt es eine Verbindung zwischen *Prozess* im weiteren Sinne und dem Konzept des *Produkts*. *Person* ist im Wesentlichen in *Produkt* und *Kommunikation* enthalten, während *Ausstattung* zumindest teilweise durch *Kommunikation* abgedeckt wird.

S

Auch andere P werden vorgeschlagen:

- In *Principles of Marketing*[1] (1986) ergänzt Philip Kotler die Komponenten *political power* (politische Macht) und *public opinion* (öffentliche Meinung).
- Claudio Vignali und B. J. Davis fügen dem Modell in ihrem Artikel „The Marketing Mix Redefined and Mapped: Introducing the MIXMAP Model" (1994) ein S für *Service* hinzu.

Die hinzugefügten Aspekte bringen zudem häufig eine Verbesserung des Marketing-Mix für den Dienstleistungsbereich. Je nach Lehre wird ebenfalls *positioning* (Positionierung), *packaging* (Verpackung), *participation* (Beteiligung) und *personalisation* (Personalisierung) hinzugefügt, die vor allem mit den Möglichkeiten des Web 2.0 und Marketing 2.0 aufgekommen sind.

4 C

Das 4-C-Modell wurde als Antwort auf einen Hauptkritikpunkt des 4-P-Modells von McCarthy

---

1. *Grundlagen des Marketing*. 6. Aufl. Pearson Studium: Halbergmoos 2016.

entwickelt, der besagt, dass der Fokus zu sehr auf die Marketer und nicht auf die Kunden gelegt wird. Die von den 4 P ausgehenden 4 C, die Robert F. Lauterborn in „New Marketing Litany: Four Ps Passe, C-Words Take Over" (1990) vorstellt, stellen den Kunden anstelle des Produkts in den Mittelpunkt. Das Modell überzeugt gerade deshalb, weil ja das Ziel des Marketings ist, Kundenbedürfnisse zu erfüllen.

Die 4 C setzen sich zusammen aus:

- **_Consumer_ (Verbraucher):** Die Produktpolitik wird zur Lösung, die den Verbrauchern angeboten wird: das, wonach die Kunden wirklich suchen. Dafür muss deren Kaufverhalten untersucht werden.
- **_Cost_ (Kosten):** Die Preispolitik wird zu den Kosten der Verbraucher. Der Preis ist in Wirklichkeit nur ein Teil der Kosten, die Kunden zu zahlen bereit sind. Die Kosten umfassen den Einkaufspreis, aber auch Kosten für Erwerb, Verwendung und Aufgabe des Produkts, sowie Kosten für Zusatzprodukte.
- **_Communication_ (Kommunikation):** Während der Begriff _promotion_ – gerade in anderen Sprachen als Englisch – manchmal für

Missverständnisse sorgte, wird jetzt von (reiner) Kommunikation gesprochen. Diese ist kooperativer und ermöglicht einen Dialog zwischen Unternehmen und potenziellen Kunden. Ziel dabei ist, dass die Kommunikation nicht allein vom Unternehmen ausgeht, sondern auch beim direkten Kundenkontakt entsteht.

- **_Convenience_ (Komfort):** Anstatt Distributionsstrategien zu entwickeln, nehmen Marketer die Sicht der Kunden ein, um zu verstehen, über welche Wege Kunden das Produkt erwerben können. Mit der Entwicklung und dem Erfolg des Internets gewinnt dieser Aspekt immer mehr an Bedeutung.

DER MARKETING-MIX IN DER PRAXIS

TIPPS UND BEST PRACTICES

Der Marketing-Mix kann helfen, Entscheidungen zu treffen, wenn ein neues Angebot auf den Markt gebracht wird oder ein bereits bestehendes getestet werden soll. Zunächst muss dafür natürlich das zu analysierende Objekt identifiziert/definiert werden, ob dies nun ein Produkt, eine Dienstleistung oder eine Marke ist.

Bevor eine Marketingstrategie auf Grundlage der 4 P oder eines verwandten Modells festgelegt bzw. analysiert wird, sollte das Unternehmen seinen Zielmarkt definieren. Dazu wird eine Marktstudie erstellt, die dabei helfen soll, die Erwartungen der Verbraucher zu verstehen und sich dementsprechend besser zu positionieren.

Zudem ist es notwendig, den internen sowie externen Ist-Zustand des Unternehmens zu beschreiben, um so die Marktsegmentierung zu erkennen (Einteilung des Marktes in homogene Verbrauchergruppen hinsichtlich ihrer Bedürfnisse, Merkmale oder ihres Verhaltens).

Das Unternehmen beschäftigt sich anschließend mit einem oder mehreren Marktsegmenten und wählt die Zielgruppe der Marketingmaßnahmen (Auswahl der Segmente je nach strategischer Bedeutung, die diese für das Unternehmen haben).

Nach Auswahl der Zielgruppe kann die Positionierung bestimmt werden: Das Produkt wird also in Bezug auf die Konkurrenz platziert.

Hier zeigt sich, dass die Verbraucher im Mittelpunkt der Marketingstrategie stehen. Daher wird das 4-C-Modell häufig dem 4-P-Modell vorgezogen, auch wenn die Aspekte lediglich aus einem anderen Blickwinkel betrachtet werden.

Um die Strategie für den Marketing-Mix festzulegen, muss das Unternehmen schließlich für jede Komponente des Modells eine Reihe von Fragen beantworten.

Produkt-/Dienstleistungsmerkmale festlegen

In einem ersten Schritt werden die Produkt- bzw. Dienstleistungsmerkmale festgelegt. Dazu werden die folgenden Fragen beantwortet:

- Was erwarten die Verbraucher vom Produkt bzw. von der Dienstleistung?
- Welche Merkmale sind notwendig, um diese Erwartungen zu erfüllen?
- Wie und in welchem Kontext verwenden die Verbraucher das Produkt?
- Wie wird das Produkt dargeboten? Diese Frage bezieht sich sowohl auf das Aussehen des Produkts selbst als auch auf dessen Verpackung.
- Welchen Namen und welche Marke hat das Produkt?
- Wie unterscheidet sich das Produkt von Konkurrenzprodukten?
- Wie hoch können die Selbstkosten maximal sein, damit der Verkauf des Produkts noch einen Profit bringt?

In diesem ersten Schritt werden außer den Produktmerkmalen auch preispolitische Aspekte erörtert.

Preispolitik bestimmen

Der Preis wird basierend auf den Kosten oder auf dem für das Produkt empfundenen Wert bestimmt. In beiden Fällen müssen die folgenden Fragen beantwortet werden:

- Welchen Wert hat das Produkt für die Verbraucher?
- Gibt es für das Produkt einen Grundpreis? Wo liegt der Preis im Vergleich zu den Konkurrenten?
- Ist die Preiselastizität für das Produkt stark ausgeprägt? Könnte eine Preissenkung zu mehr Marktanteilen führen? Im entgegengesetzten Fall: Würde eine Preissteigerung einen höheren Gewinn bedeuten?

Kommunikationswege festlegen

Bei der Kommunikation muss nicht nur ein Ansatz gewählt werden. Es stehen so viele verschiedene Instrumente zur Verfügung, dass häufig eine ganze Kommunikationsabteilung dafür zuständig ist, die beste Art zu finden, das Zielpublikum zu erreichen, sobald dieses identifiziert wurde. Eine eindeutige Vorstellung von der

Zielgruppe und der gewünschten Reaktion ist unerlässlich, bevor man eine Strategie festlegt, um die passenden Kommunikationsmittel auszuwählen. Der überwiegende Teil der Ausgaben für Kommunikation wird durch Werbung verursacht. Diese umfasst:

- Pressekampagnen (allgemeine oder gezielte)
- Anzeigen/Plakate
- Fernsehen
- Radio
- Kino
- Internetkommunikation

Zur Erinnerung: Auch wenn die Verkaufsförderung mit der Preispolitik verbunden ist (Proben, Prämien, Preisausschreiben, Rabattcoupons etc.), bleibt sie dennoch eine Maßnahme der Kommunikationspolitik.

Die folgenden Instrumente können der zuvor aufgeführten Liste hinzugefügt werden:

- Öffentlichkeitsarbeit
- direktes und interaktives Marketing (das Personalisierung und Beteiligung verwendet)
- virales Marketing (häufig über das Internet)

- Verkauf (bei dem ein persönlicher Austausch zwischen Marke und Kunden entsteht)

Es sollten also die folgenden Fragen gestellt werden:

- Welche Maßnahmen eignen sich am besten, um das Zielpublikum zu erreichen?
- Wann sollte der Verkauf gefördert werden? Ist der Markt saisonal bedingt?
- Welche Kommunikationsmaßnahmen werden von der Konkurrenz ergriffen? Haben diese Maßnahmen einen Einfluss auf die eigenen?

Distributionsorte bestimmen

Die Distributionspolitik (*place*) sollte auf die anderen Komponenten des Marketing-Mix abgestimmt sein. Die im Vorfeld festgelegte Produkt-/Dienstleistungspositionierung wird zwangsläufig die Entscheidung über die Distributionsart des Produkts beeinflussen.

Wenn sich das Unternehmen in der Distributionspolitik für eine Push-Strategie (die auf Verkaufsstärke und Distributionsnetz beruht) bzw. eine Pull-Strategie (die auf Kommunikation mit den Verbrauchern basiert, vor allem über Werbung) entscheidet, interagieren Kommunikation und Distribution ebenfalls.

Auch das Produkt selbst hat Einfluss auf die Wahl der Strategie: Handelt es sich um einen regelmäßigen Kauf oder um eine Ausnahme? Ist der Artikel ein Grund- oder Luxusprodukt? Alle zuvor bestimmten Aspekte spielen hier eine Rolle, während sie selbst von der Distributionspolitik beeinflusst werden. Ein eigenes Distributionsnetz aufzubauen wird sich beispielsweise auf den Preis und die Kommunikation auswirken. Trotzdem müssen Marketer einige Fragen beantworten:

- Wo möchten die potenziellen Kunden das Produkt erwerben?
- Kaufen Kunden das Produkt eher in einem allgemeinen oder einem Fachgeschäft, online oder über den Versandhandel?
- Ist das gewählte Distributionsnetz für die Kunden gut zugänglich?
- Ist ein eigener Außendienst notwendig?
- Was macht die Konkurrenz? Wie kann das Modell angepasst werden bzw. wie kann sich das Unternehmen abheben?

FALLSTUDIE

In dieser Fallstudie werden zwei Unternehmen vorgestellt, die sich beide auf McCarthys Marketing-Mix-Strategie gestützt haben. Der erste Fall betrachtet die Supermarktkette *Aldi* und ist *The Times 100, Business Case Studies* entnommen. Er zeigt, wie sich auf einem Markt mit sehr starkem Wettbewerb auch ein wenig innovatives Produkt dank einer wirkungsvollen Strategie bezüglich der anderen Komponenten des Marketing-Mix durchsetzen und Wert schaffen kann.

Der zweite Fall stützt sich auf ein Gespräch zwischen Alain Afflelou, Étienne Gless und Dominique Michel (*L'Entreprise* 249 (Okt. 2006)) und einen Artikel von Baptiste Diebold („*Afflelou entrevoit la vie sans Alain*" in: *Challenges* 29(30.03.2006)). Diese Analyse betrachtet die äußerst erfolgreiche Marketingstrategie der französischen, weltweit agierenden Optiker- und Hörakustiker-Kette *Afflelou*, die in jeder Komponente des Marketing-Mix Innovation schafft.

Aldi – mit dem Marketing-Mix Wert schaffen

Seit der Gründung 1913 ist es *Aldi* gelungen, zu einem der größten Einzelhandelsunternehmen in Europa zu werden. Das ursprüngliche Ziel war zunächst das Angebot von unter der *Aldi-*

Eigenmarke vertriebenen Alltagsprodukten zu wettbewerbsfähigen Preisen. Bei der Marketingstrategie des Unternehmens passen die verschiedenen Komponenten des Marketing-Mix gut zusammen. Zwar liegt bei den Produkten keine wirkliche Innovation vor, die Zusammensetzung der 4 P für die Erstellung einer Marketing-Mix-Strategie kann jedoch als innovativ bezeichnet werden.

Aldi vertreibt unter seiner Hausmarke ein breites Angebot von Produkten mit Standardqualität. Das erste P, das im Mittelpunkt der Unternehmensstrategie steht, ist der Preis. Um preiswertere Produkte als die Konkurrenz anbieten zu können, setzt das Unternehmen bei seiner Politik auf Kostenoptimierung und passt die marketingpolitischen Maßnahmen der anderen P an dieses Ziel an.

Die Produkte werden in großen Mengen eingekauft, dabei setzt man weniger auf Produktpräsentation (Verpackung, Marke, Aufmachung etc.).

Auch beim Vertrieb versucht das Unternehmen, die Kosten zu reduzieren, indem die Ausgaben für Auslage und Einrichtung der Läden begrenzt werden. Für die Standorte der Geschäfte werden vier Kriterien beachtet:

- Anzahl an Personen, die sich in dem Bereich bewegen bzw. dort wohnen
- geringer Wettbewerb: *Aldi* befindet sich in der Regel nicht in der Stadtmitte und ist von großen Straßen aus gut sichtbar, an Standorten mit so wenig Konkurrenz in der Umgebung wie möglich.
- Erreichbarkeit des Geschäfts, vor allem durch öffentlichen Nahverkehr
- ausreichend Parkmöglichkeiten

Die Kommunikation des Unternehmens konzentriert sich auf die Bindung der Kunden und verstärkt die Aussage der Preis- und Produktpolitik: *Aldi*-Produkte haben die gleiche Qualität wie Markenprodukte, sind aber preiswerter. Im Laden werden Werbebroschüren ausgegeben, um Kunden zum Wiederkommen zu animieren. Auch außerhalb der Medien kümmert sich das Unternehmen um Öffentlichkeitsarbeit, E-Mail-Verteiler, Pflege der Profile in den sozialen Medien, und um unternehmensexterne Maßnahmen der Produktwerbung. Dazu nimmt *Aldi* an diversen

Produkt-des-Jahres-Wettbewerben teil. Wird ein solcher Wettbewerb gewonnen, erhöht das die Sichtbarkeit – und auch die Glaubwürdigkeit, da eine unparteiische Gruppe das Produkt zum besten des Jahres gekürt hat.

Der Einzelhandelsansatz von *Aldi* verhilft dem Unternehmen in einem sehr stark umkämpften Markt zu einem Wettbewerbsvorteil. Dank des mit dem Marketing-Mix gefundenen Gleichgewichts können Produkte von guter Qualität zu einem sehr niedrigen Preis angeboten werden. Mit der Kommunikationspolitik kann zudem gleichzeitig das Image aufpoliert und der niedrige Preis betont werden. Mit der Standortpolitik wird schließlich erreicht, dass die Distributionskosten nicht steigen. Auch wenn es scheinbar keine große Innovation bezüglich Preis, Produkt, Distribution oder Kommunikation gab, ermöglicht die Abstimmung der vier Komponenten *Aldi*, seinen Platz auf dem Markt einzunehmen.

Afflelou – Erfolg durch Innovation in jedem Bereich des Marketing-Mix

Der französische Optiker und Geschäftsmann Alain Afflelou eröffnet 1970 sein erstes Geschäft in Bordeaux. 1984 zählt die Kette schon um die hundert Filialen, im Jahr 2012 besitzt sie 722 in Frankreich und mehr als 1.000 weltweit. Der Erfolg liegt darin, dass es dem Unternehmen gelungen ist, in jedem Bereich des Marketing-Mix innovativ zu sein.

- **Produkt:** *Afflelou* bietet schon immer innovative Brillen und Gläser an, wie beispielsweise nahezu unzerstörbare Brillengläser. Für Kunden über 40 führt das Unternehmen „Forty" ein: Lesebrillen im Viererpack. Auch wenn diese Produkte nicht revolutionär innovativ erscheinen, hat das Unternehmen sie dennoch als erstes angeboten.
- **Preis:** *Afflelou* war die erste Kette, die Brillen zu gestaffelten Preisen anbot: Beim sogenannten „Tchin Tchin"-Angebot kostet die zweite Brille nur einen Euro mehr. Die Preis-Produkt-Kombination hätte schon ausreichen können, doch die komplette Marketing-Mix-Strategie

sichert dem Unternehmen eine wahrhaftig dominierende Marktposition.

- **Place (Distribution):** Auch bei der Distribution war das Unternehmen innovativ. Es besitzt ein eigenes Distributionsnetz und die Läden gehörten zu den ersten, in denen Brillengestelle für die Kunden frei zugänglich ausgelegt waren.
- **Promotion (Kommunikation):** Die Marke verwendet einen großen Teil des Budgets auf die Werbeabteilung – die mit Sicherheit zu einer der größten der Branche zählt – und Sponsoren-Verträge (Sponsoring-Partner der French Open und des Fußballvereins Paris Saint-Germain).

Afflelou hat so in jedem Bereich des Marketing-Mix innovative Strategien umgesetzt, die jeweils aufeinander abgestimmt sind.

Fazit

Die Fälle *Aldi* und *Afflelou* sind sehr unterschiedlich. Bei *Aldi* liegt der Erfolg der Strategie im Zusammenspiel der vier marketingpolitischen Bereiche. Bei *Afflelou* wird in jedem Bereich des Marketing-Mix Innovation geschaffen. Der

Marketing-Mix liefert nicht nur alle benötigten Instrumente, um Unternehmensziele zu erreichen, das Modell bringt Marketer auch dazu, über die Marketingstrategie als Ganzes nachzudenken.

ZUSAMMENGEFASST

- Der Marketing-Mix gibt Marketern eine Anzahl Instrumente an die Hand, die ermöglichen, Entscheidungen im Hinblick auf einen bestimmten Markt zu treffen.
- Der Marketing-Mix wird für die Markteinführung eines neuen Produkts oder zum Testen einer Marketingstrategie verwendet.
- Die 4 P: Das 1960 von McCarthy entwickelte Modell teilt die Instrumente des Marketing-Mix in vier Kategorien ein: Produkt, Preis, Place (Distribution) und Promotion (Kommunikation).
- Entwicklung: Neil H. Borden erarbeitet das Konzept des Marketing-Mix, E. Jerome McCarthy entwickelt anschließend das 4-P-Modell.
- Kontext: Der Marketing-Mix entsteht in der Zeit des aufkommenden Massenkonsums.
- Komponenten: Produkt, Preis, Place (Distribution) und Promotion (Kommunikation)

- Stärken: Der Marketing-Mix fasst in wenigen Punkten alle den Marketing-Verantwortlichen bei der Entscheidungsfindung zur Verfügung stehenden Instrumente zusammen.
- Schwächen: Der Marketing-Mix ist ein allgemeiner Ansatz des strategischen Marketings. Um eine Strategie detailliert auszuarbeiten, sind zusätzliche Kenntnisse zu weiteren Methoden notwendig. Entscheidungen zu den verschiedenen marketingpolitischen Komponenten werden häufig von unterschiedlichen Personen bzw. Abteilungen getroffen, was die Abstimmung zwischen den 4 P erschwert.
- Erweiterungen: Die 4 P von McCarthy werden häufig um drei weitere P ersetzt (Person, Prozess, *physical facilities* (Ausstattung)). Die Variante der 4 C (*consumer* (Konsument), *costs* (Kosten), *communication* (Kommunikation) und *convenience* (Komfort)) stellt die Kunden stärker in den Mittelpunkt.
- Tipp: Bevor Entscheidungen zu den 4 P getroffen werden, sollte das Unternehmen über umfassende Kenntnisse zu dem Zielmarkt, auf dem es sich niederlässt bzw. niederlassen möchte, verfügen.

Ihre Meinung ist uns wichtig!
Hinterlassen Sie doch einen Kommentar auf der
Seite unserer Online-Buchhandlung
und teilen Sie Ihre Favoriten in den sozialen
Netzwerken!

DARÜBER HINAUS

LITERATURVERZEICHNIS

- *AlainAfflelou*. Internetauftritt des Unternehmens auf Französisch. http://www.alainafflelou.fr/ (18.04.2018).

- Booms, Bernard H.; Bitner, Mary Jo: „Marketing Strategies and Organisation Structure for Service Firms". In: Donnelly, J.; George, W. R. (Hrsg.): *Marketing of Services*. American Marketing Association: Chicago, IL 1981. S. 47-51.

- Borden, N. H.: „The Concept of the Marketing Mix". In: *Journal of Advertising Research* (1964) S. 2-7. Abgedr. in: Baker, M. J. (Hrsg.): *Marketing. Critical Perspectives on Business and Management*. 5. Band. Routledge: London 2001. S. 3-4.

- van den Bulte, Christophe; van Waterschoot, Walter: „The 4 P Classification of the Marketing Mix Revisited". In: *Journal of Marketing* (Okt. 1992). S. 83-93.

- Byrne, Katie: „Managing your marketing mix". In: *Chartered Accountants Journal* (2004).

- Chevalier, Michel; Dubois, Pierre Louis: *Les 100 mots du marketing*. 3864. Band. Reihe: „Que sais-je?" PUF: Paris 2009.

- Collectif Demos: *Le marketing mix ou mix marketing, de la stratégie à l'opérationnel.* Reihe: „Succès en poche". Demos: Paris 2012.

- Diebold, Baptiste: „*Afflelou* entrevoit la vie sans Alain". In: *Challenges* 29(30.03.2006).

- Faris, Paul; Reibstein, David: „How Prices, Expenditures and Profits are Linked". In: *Harvard Business Review* (Nov.-Dez. 1979). S. 173-184.

- Kotler, Philip et al.: *Grundlagen des Marketing.* 6. Aufl. Pearson Studium: Hallbergmoos 2016.

- Kotler, Philip; Keller, Kevin; Opresnik, Marc Oliver: *Marketing Management. Konzepte – Instrumente – Unternehmensfallstudien.* 15., akt. Aufl. Pearson Studium: Hallbergmoos 2017.

- Lauterborn, Robert F.: „New Marketing Litany. Four Ps Passe, C-Words Take Over". In: *Advertising Age* 61(41, 1990).

- Magrath, A. J.: „When Marketing Services, 4Ps are not Enough". In: *Business Horizons* 29(3, 1986). S. 45-50.

- Maillet, Thierry: *Le Marketing et son histoire ou le Mythe de Sisyphe réinventé.* Reihe: „Agora". Pocket: Paris 2010.

- McCarty, E. Jerome: *Basic Marketing. A Managerial Approach.* R.D. Irwin: Homewood, IL 1960.

- Pariot, Yves: *Les Outils du marketing stratégique et opérationnel.* 2. Aufl. Eyrolles: Paris 2011.

- *The Times 100 Case studies*: „Creating value through the marketing mix. An Aldi case study". http://businesscasestudies.co.uk/aldi/creating-value-through-the-marketing-mix/introduction.html (18.04.2018).

WEITERFÜHRENDE LITERATUR

- Bellone, Veronika; Matla, Thomas: *Praxisbuch Trendmarketing: Innovationskreislauf und Marketing-Mix für KMU*. Campus: Leipzig 2017.

- Vignali, Claudio; Davies B. J.: „The Marketing Mix Redefined and Mapped: Introducing the MIXMAP Model". In: *Management Decision* 32(8, 1994). S. 11-16.

- Fuchs, Wolfgang; Unger, Fritz: *Verkaufsförderung. Konzepte und Instrumente im Marketing-Mix.* Gabler: Wiesbaden 1999.

www.50Minuten.de

ISBN digitale Ausgabe: 9782808009249

ISBN gedruckte Ausgabe: 9782808009348

Pflichtexemplar: D/2018/12603/227

Cover: © Plurilingua

Digitale Aufbereitung: Primento, der digitale Partner der Herausgeber